ARREST

DU CONSEIL D'ESTAT

DU ROY,

Concernant les Parcs & Pescheries qui sont sur les Greves du ressort de l'Amirauté de Saint Malo.

Du 26. Aoust 1732.

Extrait des Registres du Conseil d'Estat.

VÛ par le Roy, estant en son Conseil, l'Arrest rendu en iceluy le 17. Septembre 1726. par lequel Sa Majesté a ordonné, pour procurer l'abondance du poisson de mer, & empescher la destruction du fray & du poisson du premier âge, que les Articles LXXXIV. & LXXXV. de l'Ordonnance du mois de Mars 1584. & ceux du Livre V. du Titre III. de l'Ordonnance du mois de Novembre 1684. seront executez selon leur forme & teneur ; qu'en consequence, tous les parcs dans lesquels il entrera bois ou pierres, & toutes autres pescheries exclusives, comme bouchots, escluses, guideaux & autres,

A

connuës sous tels noms & dénominations que ce puisse estre, qui seront situées sur les Costes de la province de Bretagne, seront démolies, à la reserve de celles qui auront esté basties avant l'année 1544. à l'effet de quoy les proprietaires desdites pescheries exclusives, seront tenus d'en representer les titres dans l'espace d'un mois, à compter du jour de la publication dudit Arrest, dans le lieu où sera situé le Siege de l'Amirauté du ressort, pardevant le Sieur de Brou Intendant de ladite province, pour par luy dresser des Procès-verbaux desdits titres, lesquels il envoyeroit avec son avis, pour sur le tout estre ordonné par Sa Majesté ce qu'il appartiendroit : les Certificats de la publication qui a esté faite dudit Arrest, dans le ressort de l'Amirauté de Saint Malo, en date des 4. 5. & 9 Novembre 1726. 21. 26. & 30. Mars & 28. Avril 1727. Sept Procès-verbaux dressez en consequence par ledit Sieur de Brou, les 15. 20. 21. & 29. Janvier, 9. Juillet & 23. Decembre 1727. des titres qui luy ont esté presentez par les Sieurs Chauchart de la Vicomté, le Saige de la Villebrune, Gervais de la Mabonnois, & Moreau de Maupertuis, par la nommée Gillette Launay veuve Venel, tant pour elle que pour le Sieur Comte de la Garrais, par les nommez Julien Lignel faisant pour la Dame la Lande Magon, Jean Gourdel faisant pour la Dame Marquise de Sainte Maure, Laurent Royer faisant pour l'Hospital de Saint Malo, François Gervin faisant pour la Dame Porrée, Guy Prevert faisant pour Robert Prevert, Julien & Robert Prevert faisant pour le Sieur Marquis de Beringhen, Raoul Jagoret faisant pour le Sieur de Nermont Trublet, Olivier Herbert faisant pour le Sieur de Langrollay, & par le Prieur de l'Abbaye de Saint Jacut, avec l'avis dudit Sieur de Brou au bas desdits Procès-verbaux : Autre Arrest du Conseil du 13. Janvier 1731. par lequel Sa Majesté a ordonné que les proprietaires des pescheries exclusives, situées sur les Costes de ladite Amirauté, qui n'auroient point remis, en consequence de celuy du 17. Septembre 1726. leurs titres audit Sieur de Brou, seroient tenus de le faire dans trois mois du jour de la publication d'iceluy, entre les mains du Sieur de la Tour à présent Intendant en Bretagne, pour par luy en dresser pareillement des Procès-verbaux, qu'il envoyeroit avec son avis, pour sur le tout estre ordonné par Sa Majesté ce qu'il appartiendroit : Ordonnance dudit Sieur de la Tour, en date du 14. Novembre 1731. portant prorogation jusqu'au dernier Decembre suivant, des délais portez par ledit Arrest du 13. Janvier de ladite année ; les Certificats de la publication, tant dudit Arrest que de ladite Ordonnance, dans l'estenduë du ressort de ladite Amirauté de Saint Malo, en date des 22. & 23. Avril 29. Novembre 2. 3. & 22. Decembre 1731. Trois Procès-verbaux dressez en consequence par ledit Sieur de la Tour le 8. Janvier 1732. des titres qui luy ont esté presentez par les Sieurs de Pontual, Fresson de Saint Aubin, & le Borgne, & l'avis dudit Sieur de la Tour au bas desdits Procès-verbaux. Oüy le Rapport, & tout consideré, SA MAJESTÉ ESTANT EN SON CONSEIL, veut & entend que les Articles LXXXIV. & LXXXV. de l'Ordonnance du mois de Mars 1584. & ceux du Livre V. du Titre III. de l'Ordonnance du mois de Novembre 1684. soient executez selon leur forme & teneur, & en consequence a ordonné & ordonne ce qui suit.

ARTICLE PREMIER.

LES quarante-une pescheries, parcs de pierres, bouchots ou parcs de Clayonage, cy-après nommées, qui existent actuellement sur les Costes de l'Amirauté de Saint Malo, seront détruites par les proprietaires d'icelles, dans un mois du jour de la publication du present Arrest ; & faute par eux d'y satisfaire dans ledit temps, & iceluy passé, veut Sa Majesté que lesdites pescheries soient détruites à leurs frais & dépens.

SÇAVOIR.

LE Bouchot placé à l'oüest de Sainte Anne, appartenant au S.ʳ de Lomosne Seigneur de Cherué, & occupé par Jean Barbey.

Celuy placé par le travers de l'Eglise de Cherué, appartenant à Jean Monier, & occupé par Jean Busson.

A ij

Celuy placé vis-à-vis le Bois-robert sous le Bourg de Cherué, appartenant au S.^r le Mercier, & occupé par Guillaume l'Epine.

Celuy placé vis-à-vis le Village de la Larroniere, appartenant audit Jean Monier, & occupé par Guillaume Lemarié.

Celuy placé à l'oüest de la Larroniere, appartenant au Sieur de la Ville-ès-brunes, & occupé par Nicolas Amice.

Celuy placé près le bié ou courant d'eau du Vivier, à la rive de l'est, appartenant à Sebastien Barbey, & occupé par Laurent l'Epine ; lesdites six pescheries situées sur le territoire de Cherué.

Celuy placé à la rive de l'oüest de la riviere du Vivier, appartenant à Jean Maury, dit Grand-Croix, au droit dudit Sieur de la Ville-ès-brunes.

Celuy placé par le travers de la Saline, appartenant à la Dame de Courchant de Dol, & occupé par Jacques le Tourneur.

Celuy nommé les Islouses, placé vis-à-vis le moulin de Hirel à l'est, appartenant à la Dame Perrine du Chemin, & occupé par Loüis Amelin ; lesdites trois dernieres pescheries situées sur le territoire du Vivier.

Celuy contigu au parc des Islouses, appartenant au Sieur Evesque de Dol, & occupé par René Bourel.

Celuy placé vis-à-vis l'Eglise de Hirel, appartenant au Sieur de la Maitrie, & occupé par ledit Bourel.

Celuy nommé la Petite, placé vis-à-vis la Quesniere de Hirel, appartenant aux Demoiselles Dupré-Henry de la Fresnaye, & occupé par Georges Madee.

Celuy nommé la Joye, placé par le travers du moulin de la Ville-ès-Brunes, appartenant audit Sieur de la Ville-ès-Brunes, & occupé par Olivier le Cocq ; lesdites quatre dernieres pescheries situées sur le territoire de Hirel.

Celuy nommé la Quinquangrogne, placé à costé du ruisseau de Blanc & Sec, vis-vis le moulin de Villedé, appartenant au Sieur de la Villeguerry, & occupé par Bertrand le Cocq.

Celuy nommé la Quignarde ou Quinart, placé vis-à-vis l'Eglise de Villedé, appartenant au Sieur Comte de la Garrais, & occupé par Gillette Launay veuve de Jean Venel.

Celuy nommé la Lupine, placé par le travers de Villedé, appartenant & occupé par ladite veuve Venel.

Celuy nommé la Corneille, placé vis-à-vis le Corps-de-garde de Villedé, appartenant ausdites Demoiselles Dupré-Henry, & occupé par Georges Herodais; lesdites quatre dernieres pescheries situées sur le territoire de Villedé de la Marine.

Celuy nommé de Brie, placé par le travers du moulin de Blanc & Sec, proche le ruisseau du même nom, appartenant au Sieur Président du Tillet, & occupé par Robert Becquet.

Celuy nommé la Roussette, placé par le travers de l'hostellerie du Croissant & le pont Benoist, appartenant audit Sieur de la Maitrie, & occupé par Guillaume Thebault; lesdites deux dernieres pescheries situées sur le territoire de Saint Benoist-des-Ondes.

Le parc de pierres, ou escluse, placé vis-à-vis & par le travers de Saint Sulia, appartenant au Sieur de la Ville-Petonniere, & occupé par le Sieur de la Villeneuve-Miniac.

Celuy contigu au parc dudit Sieur de la Ville-Petonniere, & placé au nord-oüest, appartenant à la Fabrique de l'Eglise de Saint Sulia, & occupé par les Marguilliers; lesdites deux dernieres pescheries situées sur le territoire de Saint Sulia.

Le Bouchot placé près la coste de Landt-cieu, voisine d'Etupar, appartenant à Jacques Boissel l'aisné.

Celuy placé sous Landt-cieu, allant à l'oüest, appartenant à François Pilard.

Celuy contigu, tirant à l'oüest de Saint Jacut, appartenant à Julien Massé.

Celuy placé à la rive de l'est de la riviere de Droüet, occupé par Jacques Herry.

Celuy placé dans ladite riviere de Droüet, appartenant à François Hervé.

Celuy placé sous les Landes, appartenant audit François Hervé.

Celuy placé à l'est de l'isle, & de la tour Bihan ou des Ebihains, appartenant à Jacques Basset le jeune.

A iij

Celuy placé par le travers du milieu de ladite ifle des Ebihains, appartenant à Jacques Baffet l'aifné, & à Jacques fon fils ; lefdites huit dernieres pefcheries fituées fur le territoire de Landt-cieu.

Celuy placé à l'oüeft de la petite Roche, appartenant à Guillaume Bertrand.

Celuy auffi placé à l'oüeft de la petite Roche, en remontant la riviere d'Arguenon, à la rive de l'eft, appartenant à Jacques Macé.

Celuy placé par le travers du commencement de la grande ruë de Saint Jacut, appartenant à Yves Chauvel.

Celuy placé par le travers de l'Abbaye de Saint Jacut, remontant la baye vers le Guildo, appartenant à François Hervé.

Celuy placé au milieu de la riviere du Guildo, à l'ouverture de la montagne des Tertres, appartenant à Guy Alain.

Celuy placé par le travers du Château du Guildo, appartenant à Jacques ou Julien Dagorne.

Celuy placé par le travers de l'embouchure du Guildo, appartenant à Philippes Lorraine.

Celuy placé par le travers du Corps-de-garde du Guildo, appartenant à Julien Hervé.

Celuy placé directement par le travers de l'Eglife de Noftre-Dame de Landt-oüart, appartenant à Eftienne Alain.

Celuy placé par le travers du Bois-du-val, en rentrant dans le fonds de la Baye, appartenant à Jacques Hervé.

Celuy placé par le travers & fous la cofte des quatre vaux, appartenant à Antoine Tirat.

Celuy placé le plus près de la riviere du Guildo en defcendant à la mer, appartenant à Antoine Tirard ; lefdites douze dernieres pefcheries fituées fur le territoire de Noftre-Dame de Landt-oüart ou Saint Jacut.

I I.

Les vingt-trois autres pefcheries, parcs de pierres, bouchots ou parcs de clayonage, cy-après défignées ; lefquelles paroiffent avoir efté abandonnées, n'y reftant que des veftiges ou quelques

pieux, feront pareillement détruites, pour ce qui en reste, &
les pieux & pierres enlevées par les proprietaires d'icelles, & ce
dans un mois du jour de la publication du present Arrest ; &
faute par lesdits proprietaires d'y satisfaire dans ledit temps, &
iceluy passé, veut Sa Majesté que lesdites pescheries soient démolies à leurs frais & dépens.

S Ç A V O I R.

Le bouchot placé à l'oüest de celuy du Sieur de Lomosne,
& qui appartient aux heritiers du feu Sieur Valois.

Celuy tirant vers le Bourg de Cherué, appartenant aussi
ausdits heritiers.

Celuy placé par le travers de la Lartoniere, appartenant au
Sieur de la Fleuriais.

Celuy placé dans le bié ou courant d'eau du vivier, appartenant aux heritiers du feu Sieur Boissiere; lesdites quatre pescheries
situées sur le territoire de Cherué.

Celuy placé à la rive de l'oüest de la riviere du Vivier, appartenant aux Demoiselles Dupré-Henry de la Fresnaye.

Celuy placé par le travers du gros ormeau, appartenant au
Sieur de Saint Aubin, comme representant le Sieur de Saint
Pern; lesdites deux dernieres pescheries situées sur le territoire
du vivier.

Celuy placé vers la pointe de Roost, appartenant ausdites Demoiselles Dupré-Henry, dans le territoire de Villedé de la Marine.

Celuy situé dans la riviere de Rance, dans le lieu nommé
Cancaval, paroisse de Pleurtuit, appartenant au Sieur Alexandre
le Borgne.

Le parc de pierres, ou escluse, placé à la Flourie, appartenant
au Sieur de la Renaudiere, dans le territoire de Saint Servant.

Celuy placé à la pointe du Bec du Puis, vis-à-vis l'Isle Nostre-
Dame.

Les trois parcs de pierres, ou escluses, placez au port Saint Jean
ou port Tableon, lesdites quatre dernieres pescheries situées sur
le territoire de Saint Sulia.

Celuy nommé le mur de l'Efclufe, placé par le travers & fous Landt-cieu, appartenant au Sieur Freflon de Saint Aubin.

Le bouchot placé à la rive de l'oüeft de la riviere de Droüet, appartenant à Jacques Herry.

Celuy placé à l'eft de l'ifle, & de la tour Bihan ou des Ebihains, appartenant à Jacques Baffet le jeune.

Celuy placé par le travers de ladite tour des Ebihains, appartenant à Jean Robert; lefdites quatre dernieres pefcheries fituées fur le territoire de Landt-cieu.

Celuy placé entre la groffe Roche & la Roche-Foüecroufe, appartenant à Pierre Dagorne.

Celuy placé au fud-fud-oüeft de la grande Roche, appartenant à François Morvant.

Celuy contigu du precedent, en rentrant dans la Baye, tirant vers Arguenon, appartenant à Jean Macé.

Celuy placé à l'ouverture de la riviere du Guildo, appartenant à Julien Martin.

Celuy placé par le travers & fous la cofte des quatre vaux, appartenant à Mathurin Hervé.

Celuy placé par le travers de la Baye du Guildo, & le plus proche de terre, appartenant à Gabriel Hervé; lefdites fix dernieres pefcheries fituées fur le territoire de Noftre-Dame de Landt-Oüart ou Saint Jacut.

I I I.

LES pefcheurs & autres, dont les pefcheries, parcs de pierres, bouchots ou parcs de clayonage, auront efté détruits en execution du prefent Arreft, feront déchargez de toutes rentes & redevances qu'ils pourroient devoir pour raifon de ce, au Domaine de Sa Majefté, ou à des Seigneurs particuliers, aufquels Sa Majefté fait deffenfes, ainfi qu'à fes Receveurs, d'en exiger le payement, à peine de concuffion.

I V.

LES treize bouchots ou parcs de clayonage cy-après nommez, feront confervez fur les greves du reffort de l'Amirauté de Saint Malo.

S ç a v o i r.

Celuy nommé la Pauvrette, appartenant & occupé par Gilette Launay, veuve de Jean Venel, placé par le travers & vis-à-vis la Chapelle de S.te Genevieve.

Celuy aussi nommé la Pauvrette, appartenant & occupé par ladite veuve Venel, placé directement par le travers du Bourg Saint Benoist.

Celuy nommé du Baschamp, placé par le travers du Pont-Benoist, appartenant à la Dame Marquise de Sainte Maure, & occupé par Jean Gourdel ; lesdits trois bouchots situez sur le territoire de Saint Benoist-des-Ondes.

Celuy nommé la petite du Pont-Benoist, situé par le travers du Pont-Benoist, appartenant à la Dame Lalande Magon, & occupé par Julien Lignel.

Celuy nommé l'Hôpital, placé par le travers des Grandes-Mielles, appartenant à l'Hôpital de Saint Malo, & occupé par Laurent Royer.

Celuy nommé Deslandes, placé par le travers du Chasteau Richeu, appartenant à la Dame Porrée, & occupé par François Gervin.

Celuy nommé Porcon, placé par le travers de la Terre de Porcon, appartenant & occupé par Robert Prevert de Cancale.

Celuy nommé Bougue, placé par le travers & sous le Vau-le-Rau, appartenant au Sieur Marquis de Beringhen, Seigneur du Plessis-Bertrand, & occupé par Olivier Herbert.

Celuy nommé Fossinguant, placé par le travers de la Roche-noire, appartenant au Sieur Trublet de Nermond, & occupé par Raoul Jagoret ; lesdits six derniers bouchots situez sur le territoire de Saint Meloire.

Celuy nommé la Troisieme, placé par le travers de Bordelet, appartenant audit Sieur Marquis de Beringhen, & occupé par Robert Prevert.

Celuy nommé du Rouvre, placé par le travers du Vauhariot, appartenant au Sieur de Langrollay Goüin, & occupé par Olivier Herbert.

A v

Celuy nommé la premiere, placé par le travers du Fort Royal, appartenant audit Sieur Marquis de Beringhen, & occupé par Julien Prevert; lesdits trois derniers bouchots situez sur le territoire de Cancale.

Celuy sans dénomination, placé à Saint Helier dans la petite anse, par le travers de la Roche-Vasouse & de l'isle Chevret, appartenant au Sieur Moreau de Maupertuis, dans le territoire de Saint Jean des Guerets; dans la joüissance & proprieté desquels treize bouchots ou parcs de clayonage, Sa Majesté a maintenu les proprietaires d'iceux, en se conformant par eux aux Ordonnances concernant les parcs & pescheries, & à ce qui sera ordonné par le present Arrest.

<h3 style="text-align:center">V.</h3>

Il sera en outre conservé au Sieur Guillaume Gervais de la Mabonnais, le droit de restablir un bouchot ou parc de clayonage en l'isle Reteau, dans la riviere de Rance.

<h3 style="text-align:center">V I.</h3>

Lesdits treize bouchots, ou parcs de clayonage, conservez, ainsi que celuy qui pourra estre restabli par le Sieur de la Mabonnais, auront les ailes, pannes ou costez, de cent brasses de long seulement, & l'ouverture du costé de terre aura aussi cent brasses de largeur; ils seront construits de bois entrelassez comme clayes autour des pieux ou piquets enfoncez dans le sable, lesquels ne pourront estre élevez hors de terre de plus de cinq pieds: les pieux & clayes qui formeront lesdites pescheries, viendront en ligne diagonale de la coste jusqu'à la mer; les clayes seront simples, unies, & sans aucune tige ou branche en dedans; & il sera laissé à l'extremité de l'angle une ouverture, gord ou égoust de deux pieds de large sur toute la hauteur du clayonage, laquelle ouverture ne pourra estre de ladite largeur de deux pieds, que depuis le premier Octobre jusqu'au dernier Avril compris; le tout à peine de cinquante livres d'amende, & de démolition de ce qui aura esté fait en contravention du present Article pour la premiere fois; de pareille amende, & de perte du droit de pescherie, en cas de récidive.

V I I.

LADITE ouverture, gord ou égoust, pourra estre close depuis ledit jour premier Octobre, jusques & compris le dernier Avril, d'un ret ou filet, sac, verveu, guideau, tonnelle, bache ou benâtre volant, ayant les mailles de deux pouces en quarré; ou d'une grille de bois, ayant les trous en forme de mailles aussi de deux pouces en quarré; de nasses, paniers, tonnes, gonnes, gonnastres, benastres & autres instrumens, dont les verges & les osiers qui formeront ces instrumens, auront au moins dix-huit lignes d'intervalle, & ce à peine de confiscation des rets, filets, engins & instrumens qui seront d'un calibre plus petit, & de cent livres d'amende pour la premiere fois; de pareille confiscation & amende, & de perte du droit de pescherie, en cas de récidive.

V I I I.

L'OUVERTURE ou l'extremité de l'angle desdits bouchots ou parcs de clayonage, sera de six pieds de large sur toute la hauteur du clayonage, depuis le premier May jusques & compris le dernier Septembre; & à cet effet il sera défait des deux clayes qui formeront les deux ailes desdits bouchots, l'espace qui conviendra pour operer ladite ouverture, laquelle ne pourra estre fermée pendant ledit temps, de filets, grilles de bois, paniers, benastres, ni de quelques especes d'engins & instrumens que ce puisse estre, à peine de cinquante livres d'amende, & de démolition de ce qui aura esté fait en contravention du present Article, pour la premiere fois; de pareille amende, & de perte du droit de pescherie, en cas de récidive.

I X.

FAIT deffenses Sa Majesté sous les mêmes peines, aux proprietaires & pescheurs occupant lesdits bouchots ou parcs de clayonage, de clorre de clayonage en quelque temps que ce soit ladite ouverture, gord ou égoust desdites pescheries; d'y faire aucuns parcs, benastres, gonnes, tonnes, ou enceinte, avec pieux, piquets ou clayonage; ni de pratiquer dans le terrain enclavé dans l'enceinte desdits bouchots ou parcs de clayonage, aucuns creux, mares, fosses ni retenuës d'eau, qui puissent arrester le fray du poisson.

X.

Il sera encore conservé sur les greves du ressort de ladite Amirauté de Saint Malo, les trois parcs de pierres cy-après nommez.

SÇAVOIR.

Celuy nommé la Vicomté, dans le territoire de Saint Enogat près le Havre de la Vicomté, au pied de la Garenne, vis-à-vis Solidor, appartenant au Sieur de la Vicomté Chauchart.

Celuy nommé la petite Piette, placé entre les rochers des Ebihains & ceux de la Colombiere.

Celuy nommé la grande Piette, contigu du précedent : lesdits deux derniers parcs de pierres situez dans le territoire de Nostre-Dame de Landt-oüart ou Saint Jacut, & appartenans aux Abbé & Religieux de Saint Jacut ; dans la joüissance & proprieté desquels trois parcs de pierres, Sa Majesté a maintenu les proprietaires d'iceux, en se conformant par eux aux Ordonnances concernant les parcs & pescheries, & à ce qui sera ordonné par le present Arrest.

X I.

Il sera en outre conservé au Sieur Comte de Pontual, le droit de restablir un parc de pierres dans le territoire de Saint Lunaire de Pontual, près le rocher de la pointe de l'est de l'entrée du port Blanc, par le travers de Pontual.

X I I.

Lesdits trois parcs de pierres conservez sur les Costes de ladite Amirauté de Saint Malo, ainsi que celuy qui pourra estre restabli par le Sieur Comte de Pontual, ne pourront estre construits que de pierres rangées en forme de demi-cercle, & élevées à la hauteur de quatre pieds au plus, sans chaux, ciment ni maçonnerie ; & ils auront dans le fonds du costé de la mer, une ouverture de deux pieds de largeur sur toute la hauteur de l'enceinte, laquelle ouverture ne sera fermée que d'une grille de bois, ayant des trous en forme de mailles, d'un pouce au moins en quarré, depuis Pasques jusqu'à la Saint Remy ; le tout à peine de cent livres d'amende pour la premiere fois, & de pareille amende en cas de récidive, & en outre de privation du droit de parc.

X I I I.

LE terrein enclavé dans l'enceinte de chacun defdits parcs de pierres, fera formé en talus, la chûte du cofté de la mer, fans qu'il y ait aucuns creux, mares, foffes ni retenuës d'eau, qui puiffent arrefter le fray du poiffon, à peine de pareille amende, & en outre en cas de récidive, de privation du droit de parc.

X I V.

LESDITS treize bouchots ou parcs de clayonage, & lefdits trois parcs de pierres confervez par le prefent Arreft fur les Coftes de ladite Amirauté de Saint Malo, ainfi que le bouchot qui pourra eftre reftabli par le Sieur de la Mabonnois, fuivant l'Article V. du prefent Arreft, & le parc de pierres qui pourra auffi eftre reftabli par le Sieur de Pontual, fuivant l'Article XI. dudit Arreft, ne pourront eftre placez qu'à deux cens braffes au moins du paffage ordinaire des Vaiffeaux, à peine d'eftre démolis aux dépens des proprietaires; lefquels feront privez du droit de parc en cas de récidive.

X V.

ORDONNE Sa Majefté, que s'il fe trouvoit fur les Coftes de ladite Amirauté d'autres parcs, foit en pierres, bois ou clayonage, ou autres pefcheries exclufives, que les quatre-vingt dénommées & mentionnées dans les Articles I. II. IV. & X. du prefent Arreft, ils foient démolis dans un mois du jour de la publication d'iceluy, par les proprietaires; & faute par eux d'y fatisfaire dans ledit temps, & iceluy paffé, veut Sa Majefté que lefdits parcs & pefcheries exclufives, foient détruits aux frais & dépens defdits proprietaires; en forte qu'il ne refte plus aucunes autres pefcheries exclufives fur les Coftes de ladite Amirauté, que les treize bouchots ou parcs de clayonage confervez par ledit Article IV. les trois parcs de pierres auffi confervez par ledit Article X. & les deux pefcheries qui pourront eftre reftablies en confequence des Articles V. & XI. du prefent Arreft.

X V I.

FAIT Sa Majesté deffenses à toutes personnes de quelque qualité & condition qu'elles soient, de construire sur les Costes de ladite Amirauté de nouveaux parcs, soit en pierres, bois ou clayonage, ou autres pescheries exclusives, sous tel nom & dénomination que ce puisse estre, à peine de trois cens livres d'amende, & de démolition des parcs & pescheries à leurs frais.

X V I I.

VEUT Sa Majesté que les riverains pescheurs de pied, & tendeurs à la basse-eau, puissent continuer de tendre sur les bords des costes & des greves du ressort de ladite Amirauté de Saint Malo, des rets ou filets de bas-parcs, estaliers, tessons, tessures ou tressures, lesquels seront montez sur des pieux, piquets ou piochons, qui ne pourront estre élevez de plus de quatre pieds hors des sables, & les mailles desdits rets ou filets auront au moins deux pouces en quarré; lesdits filets pourront estre enfouis, si les pieux, piquets ou piochons sur lesquels ils seront tendus sont placez dans des fonds de sable, & s'ils le sont sur des fonds de gravoirs ou de roches, ils y seront arrestez avec des pierres de demi-pied de hauteur, ou avec des crochets de bois ou de fer; le tout à peine de confiscation des rets ou filets, & des pieux, piquets ou piochons, & de vingt-cinq livres d'amende pour la premiere fois; de pareilles confiscations, & de cinquante livres d'amende en cas de récidive.

X V I I I.

FAIT deffenses Sa Majesté à tous ceux qui feront la pesche à la Coste, avec lesdits rets ou filets de bas-parcs, estaliers, tessons, tessures ou tressures, & tous autres montez sur des pieux, piquets ou piochons, de les tendre dans le passage ordinaire des Vaisseaux, ni à deux cens brasses près, à peine de saisie & confiscation des rets ou filets, pieux, piquets ou piochons, de cinquante livres d'amende, & de reparation des pertes & dommages que ces pescheries auront causées.

X I X.

LES pescheurs & tous autres de quelque qualité & condition

qu'ils soient, qui auront des rets ou filets pour faire les petites pescheries de bas-parcs, estaliers, tessons, tessures ou tressures, dont les mailles ne seront point du calibre de deux pouces au moins en quarré, conformément à l'Article XVII. du present Arrest, seront tenus de les démonter, & de les employer à d'autres usages, dans un mois du jour de la publication d'iceluy, à peine de cent livres d'amende, le tiers applicable au dénonciateur, & de confiscation des rets ou filets, & des pieux, piquets ou piochons, qui seront brûlez publiquement.

X X.

FAIT Sa Majesté deffenses aux Marchands-fabricateurs de rets ou filets, & à tous autres, d'en faire ou fabriquer, vendre & receler aucuns propres pour lesdites pescheries de bas-parcs, estaliers, tessons, tessures ou tressures, dont les mailles ne seront point de deux pouces au moins en quarré, à peine de confiscation d'iceux, & de trois cens livres d'amende, le tiers applicable au dénonciateur.

X X I.

LES contraventions aux Articles cy-dessus, seront poursuivies à la requeste du Procureur de Sa Majesté au Siege de l'Amirauté de Saint Malo; & les Sentences qui interviendront contre les délinquans, seront executées pour les condamnations d'amende, nonobstant l'appel, & sans préjudice d'iceluy, sans qu'il puisse estre accordé de deffenses.

X X I I.

CEUX qui appelleront desdites Sentences, seront tenus de faire statuer sur leur appel, ou de le mettre en estat d'estre jugé definitivement, dans un an du jour & date d'iceluy; sinon, & à faute de ce faire, ledit temps passé, lesdites Sentences sortiront leur plein & entier effet, & les amendes seront distribuées conformément ausdites Sentences, & les depositaires d'icelles bien & valablement déchargez.

X X I I I.

VEUT Sa Majesté que les Officiers de l'Amirauté de Saint Malo, se transportent un mois après la publication du present

Arreſt, le long des Coſtes de leur reſſort, dans les endroits où ſont ſituées les ſoixante-quatre peſcheries, parcs de pierres, bouchots ou parcs de clayonage, dont la démolition eſt ordonnée par les Articles Iᵉʳ & II. d'iceluy, & dans ceux où ſeront placez les autres parcs ou peſcheries excluſives qui pourroient ſe trouver ſur les Coſtes de ladite Amirauté, & dont il n'eſt point fait mention dans ledit Arreſt; pour dreſſer Procès-verbal des peſcheries qui auront eſté démolies, & de celles qui ne l'auront point eſté. Ordonne Sa Majeſté que faute par les proprietaires d'icelles, d'avoir fait faire dans ledit temps, la démolition ordonnée, leſdites peſcheries excluſives ſeront détruites, par des ouvriers qui y ſeront mis à cet effet par les Officiers de ladite Amirauté, aux dépens deſdits proprietaires, & à la diligence du Procureur de Sa Majeſté audit Siege, à peine d'interdiction de ſa Charge.

<h3 style="text-align:center">X X I V.</h3>

LES Officiers de ladite Amirauté dreſſeront auſſi Procès-verbal de chacun des treize bouchots ou parcs de clayonage, conſervez par l'Article IV. du preſent Arreſt; dans leſquels Procès-verbaux ils feront mention de la longueur des ailes, pannes ou coſtez, de la largeur de l'ouvertute du coſté de terre, de la hauteur des pieux vers le fonds de la peſcherie; ſi les pieux & clayes qui les formeront viennent en ligne diagonale de la Coſte juſqu'à la mer, ſi les clayes ſont ſimples, unies & ſans tiges ou branches en dedans, de combien ſera l'ouverture à l'extrémité de l'angle, la grandeur des mailles des filets ou des inſtrumens qui ſerviront à clorre cette ouverture, ſi elle n'eſt point fermée de clayonage, ſi on n'y a point eſtabli quelques parcs ou filets avec pieux; s'il n'eſt point pratiqué dans le terrain enclavé dans l'enceinte deſdits bouchots ou parcs de clayonage, quelques foſſes ou retenuës d'eau, & s'ils ſont ſituez à deux cens braſſes du paſſage ordinaire des vaiſſeaux, le tout conformément à ce qui eſt ordonné par les Articles VI. VII. VIII. IX. & XIV. du preſent Arreſt.

<h3 style="text-align:center">X X V.</h3>

ILS dreſſeront pareillement des Procès-verbaux de chacun

des trois parcs de pierres, conservez par l'Article X. du present Arrest; dans lesquels ils feront mention de la hauteur des murailles, de la largeur & hauteur de l'ouverture du fonds du parc, de la grandeur des trous ou verges de la grille de bois dont ladite ouverture doit estre fermée; si le terrain enclavé dans le parc est en talus, s'il ne s'y trouve aucuns creux, mares, fosses ou retenuës d'eau, & si lesdits parcs sont placez à deux cens brasses du passage ordinaire des vaisseaux, le tout suivant qu'il est ordonné par les Articles XII. XIII. & XIV. du present Arrest.

X X V I.

ILS feront en même temps la visite des petites pescheries de bas-parcs, estaliers, tessons, tessures ou tressures, dont ils dresseront Procès-verbal; dans lequel ils feront mention si les rets ou filets qui y sont employez, ont les mailles du calibre prescrit par l'Article XVII. du present Arrest; si les pieux, piquets ou piochons sur lesquels lesdits rets ou filets seront tendus, sont de la hauteur marquée par ledit Article, & s'ils sont placez conformément à l'Article XVIII. dudit Arrest.

X X V I I.

LESDITS Officiers de l'Amirauté feront aussi, après ledit mois passé, visite & perquisition dans les maisons des pescheurs de leur ressort, & dans celles des riverains de la mer, privilegiez & non privilegiez, qui pourront estre soupçonnez d'avoir des filets deffendus par les Ordonnances & par le present Arrest, dont ils dresseront Procès-verbal; duquel, ensemble de ceux ordonnez par les Articles XXIII. XXIV. XXV. & XXVI. dudit Arrest, ils envoyeront une expedition au Secretaire d'Estat, ayant le département de la Marine, quinzaine après la confection d'iceux.

X X V I I I.

ET sera le present Arrest executé nonobstant oppositions ou empeschemens quelconques, pour lesquels ne sera differé.

MANDE & ordonne Sa Majesté à Monsr le Comte de Toulouse Amiral de France, Gouverneur & Lieutenant general

en la province de Bretagne, de tenir la main à l'execution du
present Arrest, qui sera registré au Greffe de l'Amirauté de Saint
Malo, lû, publié & affiché dans toutes les Paroisses maritimes
du ressort, à ce que personne n'en ignore. FAIT au Conseil
d'Estat du Roy, Sa Majesté y estant, tenu à Marly le vingt-
sixieme Aoust mil sept cens trente-deux.

Signé PHELYPEAUX.

LE COMTE DE TOULOUSE Amiral de France, Gouverneur & Lieutenant general pour le Roy, en sa Province de Bretagne.

VU l'Arrest du Conseil d'Estat du Roy cy-dessus, à nous
adressé avec ordre de tenir la main à son execution.
MANDONS & ordonnons aux Officiers de l'Amirauté de Saint
Malo, de le faire executer suivant sa forme & teneur, & de le
faire enregistrer à leur Greffe, lire, publier & afficher par tout
où besoin sera, & en la maniere accoustumée. FAIT à Fontaine-
bleau le sixieme Octobre mil sept cens trente-deux. *Signé* L. A.
DE BOURBON. *Et plus bas*, Par son Altesse Serenissime.

Signé LENFANT.

LOUIS, PAR LA GRACE DE DIEU, ROY DE
FRANCE ET DE NAVARRE : Au premier nostre
Huissier ou Sergent sur ce requis. Nous te mandons & com-
mandons par ces presentes, signées de nostre main, que l'Arrest
cejourd'huy rendu en nostre Conseil d'Estat, Nous y estant,
dont l'extrait est cy-attaché sous le contre-scel de nostre Chan-
cellerie, tu ayes à publier & afficher par tout où besoin sera ; &
faire pour l'execution d'iceluy, tous actes de Justice necessaires,
sans pour ce demander autre permission ; CAR TEL EST
NOSTRE PLAISIR. Donné à Marly le vingt-sixieme jour

d'Aoust, l'an de grace mil sept cens trente - deux, & de nostre
Regne le dix - septieme. *Signé* LOUIS. *Et plus bas* ,
Par le Roy, PHELYPEAUX. Et scellé du grand Sceau de
cire jaune.

POUR LE ROY. { *Collationné aux Originaux par Nous Ecuyer*
Conseiller-Secretaire du Roy, Maison-Cou-
ronne de France & de ses Finances.

A PARIS,

DE L'IMPRIMERIE ROYALE

M. DCC XXXII.